LE
4 SEPTEMBRE
AUX TUILERIES

(Extrait du *Figaro* du 24 novembre 1870).

NIORT

L. FAVRE, IMPRIMEUR-ÉDITEUR.

A *Monsieur le Rédacteur de la* **Revue de l'Ouest.**

Paris, le 10 mars 1871.

Monsieur le Rédacteur,

J'ai lu avec surprise et peine dans la *Revue de l'Ouest,* du 9 de ce mois, l'article intitulé la *Fuite de l'Impératrice,* que vous avez publié d'après un journal belge, sous la forme d'une lettre écrite de Berlin.

Ce récit est, je ne crains pas de le dire, non-seulement inexact, mais encore mensonger. S. M. l'Impératrice Eugénie n'a pas pris la *fuite :* elle s'est rétirée devant l'émeute avec la dignité d'une souveraine et la fermeté d'une descendante du Cid. Si elle fut alors abandonnée par l'homme qui devait se mettre, coûte que coûte, entre elle et l'insurrection, par M. le général Trochu, Sa Majesté ne fut abandonnée ni par ses amis, ni par ses serviteurs. Elle partit accompagnée de leurs regrets et de leurs larmes, sous la protection des ambassadeurs d'Autriche et d'Italie.

Je vous envoie, à l'appui de mon assertion, le numéro du *Figaro,* publié à Paris en plein siége, le 24 novembre dernier. Vous y lirez pour la première fois, car ce numéro n'a point été distribué en province, le récit simple et fidèle de ce qui s'est passé aux Tuileries le 4 septembre. Faites-moi le plaisir de le reproduire en entier, dans un ou plusieurs numéros de la *Revue de l'Ouest*.

Connaissant, comme je la connais, l'honnêteté de sentiments de mes compatriotes, je suis sûr qu'ils vous seront reconnaissants de leur avoir fait lire cette page d'histoire, si honorable pour la noble femme qui avait mérité, sur le trône, d'être appelée par un prince de l'Eglise *l'ange de la charité chrétienne*.

Agréez, mon cher compatriote, l'assurance de mes sentiments d'affectueuse sympathie.

Ad. Caillé,

Conseiller général.

(Canton de la Mothe-Saint-Héray).

LE 4 SEPTEMBRE AUX TUILERIES.

La journée du 4 septembre et la plupart des événements qui s'y rattachent, ayant été présentés d'une manière incomplète, pourquoi ne serait-il pas permis à un homme, qui a passé aux Tuileries une grande partie de ce jour, de raconter comment se sont écoulées les heures qui ont précédé le départ de l'Impératrice Eugénie? Il est toujours opportun de dire la vérité et de rétablir l'exactitude des faits, surtout quand ces faits peuvent servir de documents à l'histoire.

Je n'ai pas à rappeler ici les événements qui ont amené la révolution du 4 septembre. Un immense désastre venait d'atteindre la France. L'armée avait capitulé à Sedan. L'Empereur était prisonnier de guerre. Aucun de ceux qui l'ont vu, n'oubliera l'aspect de Paris pendant la nuit du 3. La stupeur, l'indignation, la colère gagnaient la capitale. Le ministère, épouvanté, remit la décision au lendemain; mais le lendemain Paris était en proie à une de ces passions qui ne lui permettent guère de réfléchir sur ce qu'il fait, et qui le mènent souvent beaucoup plus loin qu'il ne voudrait aller.

Pendant que l'impressionnabilité de Paris s'exaspérait, — aux Tuileries l'Impératrice retrouvait une grande énergie en face de l'adversité.

Le *Figaro* a déjà fait entendre des paroles de justice à l'égard de la *femme* odieusement outragée. Il ne sera pas surpris si celui qui écrit ces lignes ne déverse pas le mépris sur la *souveraine* placée par les événements dans une des plus critiques situations de l'histoire.

La dernière régence de l'Impératrice n'avait pas manqué

de difficultés de toute sorte; mais personne n'avait dit que l'Impératrice eût ajouté aux embarras de la situation par des fautes personnelles, et son nom n'avait été attaché à aucune violence.

Néanmoins, c'était une lourde charge que celle de la régence. Les inquiétudes domestiques venaient s'ajouter aux deuils publics. Séparée des siens, l'Impératrice n'en recevait que de rares et tristes nouvelles. Joignez à ces tristesses morales les fatigues d'un travail incessant (pendant un mois et demi l'impératrice n'a pu dormir une heure de suite sans être réveillée par des communications urgentes) et des souffrances de poitrine surexcitées par l'oubli de toute précaution médicale.

Les grands malheurs du commencement de septembre rendirent à ce caractère tout son ressort. Pendant la nuit du 3 au 4, l'Impératrice reçut les grands dignitaires de l'empire, et présida un conseil des ministres. Le général Trochu ne manqua pas de se rendre au château. Il n'était ni des moins empressés, ni des moins encourageants. L'Impératrice eut lieu de croire qu'elle pouvait toujours compter sur le concours dévoué du gouverneur de Paris.

Elle prit à peine, cette nuit-là, quelques instants de repos.

—

Le 4, l'Impératrice était sur pied à 6 heures du matin. Elle visitait l'ambulance établie par ses soins aux Tuileries, et arrêtait, avec les sœurs de charité, les mesures à prendre pour donner un plus grand développement à cette œuvre secourable.

Ce jour-là était, on s'en souvient, un dimanche. Outre le service de la grande chapelle, un service spécial était établi dans un oratoire ménagé au milieu des appartements privés. Un chapelain venait y célébrer la messe quatre fois par semaine, et, depuis la déclaration de guerre, cet acte religieux s'y répétait chaque jour.

Après l'office, l'Impératrice faisait sa recommandation à son aumônier; il s'agissait ordinairement de bonnes œuvres, d'une famille à secourir, d'un malade à visiter, d'un abandonné à recueillir. Le 4 septembre, les instructions furent plus longues et plus minutieuses, et le prêtre qui venait de remplir les fonctions sacrées devant l'Impératrice, passa la plus grande partie de la journée à accomplir ses prescriptions charitables.

De l'oratoire, Sa Majesté passa immédiatement dans la salle du conseil. Les ministres et les membres du conseil privé y étaient réunis. On dit que la séance présenta le plus grand intérêt, non-seulement par la gravité des sujets qui y furent traités, mais aussi par l'attitude ferme et résolue des conseillers de la couronne. « On ne dira pas de nous, disait l'un d'eux quelques jours plus tard, que nous avons été indécis et divisés à l'heure suprême. » Si un jour, peut-être, on publie l'analyse de cette dernière délibération, on y verra que rien de ce qui pouvait activer et fortifier la résistance à l'ennemi n'avait été oublié. Il n'y a que justice à le dire.

Le jour même devait être présenté au Corps législatif un ensemble de mesures « propres à développer la puissance de l'organisation française. »

Lorsque les membres du conseil privé et M. Rouher, qui était présent, demandèrent quelles précautions avaient été prises en vue des mouvements populaires, l'Impératrice répondit : « Qu'il ne fallait penser qu'à sauver la France. Prenons des mesures sages et vigoureuses, ajouta-t-elle, et on verra qu'il n'y a pas d'intérêt à rien bouleverser à l'approche des Prussiens. Ne pensons à sauvegarder la dynastie qu'après avoir pensé au salut de la France. » L'envahissement subit du Corps législatif ne permit pas la réalisation de cette pensée, d'une certaine grandeur à la vérité, mais non dépourvue d'illusions.

L'Impératrice sortit du conseil vers onze heures et demie du matin, et présida au déjeûner avec une aisance pleine de naturel. Les commenseaux étaient nombreux. La table comptait vingt-huit couverts. Il n'y avait pas d'autre invité que M. de Lesseps; mais le service d'honneur était doublé, car les officiers se renouvelaient tous les dimanches et les *allants* et les *venants* se rencontraient au déjeûner. Rien ne fut changé à l'étiquette ordinaire, et à voir la tranquillité générale, on ne se fut pas douté des inquiétudes qui tourmentaient chacun des assistants.

Mais bientôt des indices venus du dehors, présages d'une prochaine tempête, apportèrent un léger trouble dans les habitudes. L'Impératrice recevait de minute en minute les dépêches de la préfecture de police, du ministère de l'intérieur, de l'administration de la guerre. Le flot de la révolution était déjà gros. De toutes parts on informait l'Impératrice qu'on se disposait à organiser la résistance et la répression; que l'entreprise était malaisée, car Paris ne renfermait que quelques tronçons de régiments, mais qu'avec de l'activité et de l'habileté on pourrait sauver la situation, etc.

Il faut rendre cette justice à l'Impératrice qu'elle n'hésita pas une seconde : « Toutes les calamités, excepté la guerre civile. » Ce fut son unique réponse aux dépêches qui lui demandaient des ordres. Ces messages, elle les lisait d'un visage impassible, sans rien communiquer de ce qu'ils contenaient. Au milieu d'une conversation qui se traînait péniblement sur des banalités, l'Impératrice, rentrée dans son salon, lisait, écrivait, faisait appeler tour à tour l'aide-de-camp de service, ou M. Conti, ou une des dames d'honneur, leur parlait à voix basse et signait des ordres.

Les minutes étaient des siècles. Quelques visiteurs entraient, saluaient, et sans émotion apparente nous jetaient à voix basse des demi-mots vite compris. Puis on attendait avec une anxiété déguisée de nouveaux venus pour recevoir d'autres renseignements.

C'est ainsi que nous apprîmes que la foule descendait des faubourgs vers la place de la Concorde; que les mots de *déchéance* et de *république* se faisaient entendre de toutes parts; que les agents de la force publique étaient maltraités. A travers les glaces des fenêtres on voyait les troupes prendre position dans la cour du Carrousel et devant la façade qui regarde le jardin. Ces précautions militaires avaient un air sinistre. On sentait dans l'atmosphère ce je ne sais quoi de poignant qui se dégage à l'heure des grandes catastrophes.

Des compagnies de la garde nationale passaient sur le quai en se rendant au Corps législatif. L'Impératrice se levait de temps en temps, s'approchait de la fenêtre comme pour mieux lire quelque dépêche, jetait un regard furtif sur l'agitation du dehors et se remettait bientôt à son travail. Quelques-uns des assistants disaient qu'il aurait fallu une pluie diluvienne ; mais le temps était splendide, et c'était, pour cette fois, le *soleil de l'empereur*.

Vers midi et demie, il fut impossible de méconnaître que la crise se déclarait à l'état aigu. Les députés du tiers-parti, sous la conduite de M. Daru, firent leur apparition aux Tuileries. Quelques minutes se passèrent avant que les formalités de l'introduction fussent remplies, car jusqu'au dernier moment tout s'est passé au château sans désordre, ni confusion, comme en temps régulier ; ce que je fais remarquer, non dans un esprit ridiculement formaliste, mais pour rétablir l'exactitude de faits dénaturés.

En accueillant les députés du centre gauche, l'Impératrice souriait tristement. L'entrevue se prolongea. Il était facile d'en deviner le sujet. L'abdication ! tel était le mot que M. Daru et ses amis s'étaient chargés de faire entendre à la régente. Il fut répondu très-catégoriquement que les ministres étaient au gouvernement pour proposer les mesures utiles à la France ; que s'ils jugeaient l'abdication nécessaire, l'abdication serait signée. Peu à peu l'Impératrice s'échauffa en présence de ces conseillers timides et de ces discoureurs indécis.

De temps en temps, lorsque la porte du salon était ouverte, on entendait la voix émue de l'Impératrice qui cherchait à affermir les résolutions ébranlées.

Mais à tout instant les nouvelles du dehors contrariaient les efforts de la Souveraine.

L'un des préfets du palais arrivait du Corps législatif et annonçait « que des agitateurs tramaient ouvertement « dans la salle des Pas-Perdus contre la sécurité de l'Assemblée. » Le chambellan de service rendait compte de l'attitude des masses qui couvraient la place de la Concorde et déclarait qu'elles allaient se porter aux extrémités. Les clameurs de la multitude arrivaient jusqu'à la salle du conseil et la remplissaient de cris significatifs.

De temps en temps, quelqu'un de ces messieurs du tiers-parti ne manquait pas d'appuyer ses considérations d'un glacial : « N'entendez-vous donc pas, madame ? » ou bien : « Ce que l'on vient d'annoncer à Votre Majesté, n'est-ce pas ce que nous lui disions? » Pourquoi ne pas le dire? Plusieurs, parmi les personnes présentes, trouvaient la démarche des députés du tiers-parti tout au moins superflue. « Si l'abdication, disait-on, pouvait servir à quelque chose, que ne prenaient-ils sur eux de prononcer la déchéance? Pourquoi ce souci de faire supprimer la dynastie par la régente? — Mais le tiers-parti ressemblera toujours.... à lui-même.

Ils sortirent enfin, troublés et décontenancés. Nous trouvâmes l'Impératrice appuyée contre le chambranle d'une cheminée. Elle paraissait vivement attristée. Nous l'entourions avec cette émotion que l'on sent à l'approche d'un sombre dénoûment.

Quelques-uns de ses serviteurs, pour la dernière fois, venaient respectueusement baiser sa main. Elle laissait faire avec bienveillance et parlait en termes entrecoupés de ce qui venait de se passer :

« Ils veulent l'abdication!.,.. Oh! cela n'est rien si la France est sauvée.... Mais ne vont-ils pas affaiblir la résistance?.... Ce que je leur ai demandé, c'est de me conserver l'autorité nominale, afin d'empêcher la désorganisation du pays au moment où l'étranger envahit notre territoire. Après, on fera de nous tout ce qu'on voudra; maintenant, on n'a pas le loisir de faire des changements politiques : il ne faut songer qu'aux mesures militaires.... Je leur ai dit : « Soyez sûrs que je ne gênerai en rien la défense du pays. J'aiderai, au contraire, les hommes qui auront la confiance de la nation. Puis, je me mettrai à la tête des sociétés de secours aux blessés, je visiterai les hôpitaux, je donnerai l'exemple du dévouement, j'irai aux avant-postes; oh! par exemple, je les ai rassurés, je ne ferai rien de ridicule. Est-ce que je ne sais pas éviter le ridicule? Mais non, ils n'ont rien voulu entendre. Ah! en France, il ne faut jamais être malheureux. »

En s'exprimant ainsi, l'Impératrice en arrivait à cette exaltation propre à sa race et à son caractère, que les intimes désignaient sous ces mots : *les moments de Chimène*. Ce fut comme un éclair rapide pendant lequel elle sembla entrevoir l'avenir avec une lucidité singulière.

Une courte dépêche de M. Piétri arrêta le cours des réflexions de la régente : « On abat les aigles. » Ces quatre mots la ramenèrent aux événements qui s'accomplissaient dans Paris.

—

On a dit et imprimé que l'Impératrice, pendant les dernières heures de son séjour aux Tuileries, avait été délaissée par ses officiers. Rien n'est moins conforme à la réalité des faits.

A deux heures, c'est-à-dire au moment où l'émeute grondait autour du Corps législatif, toute la maison de l'Impératrice était presque au grand complet rassemblée aux Tuileries. Les dames d'honneur présentes à Paris s'étaient rendues auprès de la régente. Plusieurs dames qui tenaient un haut rang à la cour s'étaient jointes à elles. Les maréchales Pélissier et Canrobert étaient arrivées des premières. Pas un officier de service n'était absent. Les officiers de la maison de l'Empereur, qui n'étaient pas en mission, arrivaient les uns après les autres et remplissaient les salons des appartements réservés. M. le marquis de Contades, dans une lettre adressée au *Figaro*, a affirmé que tout le monde, parmi les officiers de Leurs Majestés, avait fait son devoir. Personne ne pourra démentir cette parole.

Le général Trochu ne parut pas.

Tout ce monde était grave et parlait à peine. L'attitude de l'Impératrice ne permettait pas d'ailleurs de mines consternées : elle recevait chacun avec bonté, faisait semblant de ne pas entendre les essais de consolation et n'abandonnait rien de sa ferme contenance.

Puis, vinrent quelques membres du corps diplomatique. Le prince de Metternich ne dissimulait pas son émotion. Le chevalier Nigra semblait tout à l'aise.

— Eh bien! chevalier, lui dit une dame d'honneur, avez-vous traversé la foule?

— Oui, répondit-il fort placidement; il y a quelque peu de monde.

On n'en pu tirer autre chose.

Ce fut une scène attendrissante que l'arrivée de la princesse Clotilde. La pieuse cousine de l'Impératrice n'avait rien perdu de sa douce sérénité : sa visite de la dernière heure fut d'une simplicité touchante, et l'Impératrice l'accueillit avec beaucoup de tendresse.

Pendant ce temps, quelques jeunes hommes du service d'honneur s'entretenaient dans un coin des événements qui pouvaient se produire d'un moment à l'autre. Une même pensée leur était venue à tous. Ils ambitionnaient l'honneur d'accompagner l'Impératrice dans le cas où elle se déciderait à quitter les Tuileries. Ils étaient prêts au départ et munis de toutes les sommes dont ils avaient pu disposer. Mais si l'Impératrice était surprise par l'émeute, ils rêvaient déjà une mort glorieuse, comme celle des mousquetaires de Marie-Antoinette. « Quant à moi, disait l'un d'eux, je ferai payer cher le passage; » et il montrait un énorme revolver. Mais il ne tarda pas à se séparer de son arme, ses compagnons lui ayant fait remarquer que s'il avait le devoir de sacrifier sa vie, l'Impératrice avait défendu l'usage de quelque arme que ce fût.

—

Vers deux heures, l'Impératrice s'entretenait avec les ambassadeurs d'Autriche et d'Italie, lorsque coup sur coup arrivèrent du Corps législatif des députés, des ministres, annonçant que la Chambre venait d'être envahie. Le comte de Palikao avait compté sur la fidélité des troupes, et il avait eu raison : aucune n'avait trahi. Mais elles étaient en nombre trop restreint pour pouvoir résister sans faire usage de leurs armes, et les ordres de l'Impératrice étaient formels? il ne fallait pas qu'une seule goutte de sang coulât dans Paris.

Puis, à l'intérieur du Corps législatif, les questeurs se reprenaient à vouloir faire usage de leurs priviléges et à être seuls à donner les ordres concernant la sécurité de l'Assemblée. Il y eut de la part de la foule une menace d'attaque. L'un des questeurs, le général Lebreton, racontait-on, avait intimé aux troupes l'ordre de laisser champ libre au peuple. On sait ce qui arriva.

Le gouvernement tout entier était au Corps législatif. Pendant que le comte de Palikao et les autres ministres conféraient avec les députés, la foule inonda le palais. Véritable inondation qui noya le pouvoir. Les ministres ne purent ni se dégager, ni se reconnaître. L'eau avait éteint les feux et paralysé les mouvements de la machine : le navire ne pouvait plus marcher.

M. Chevreau, le premier, put fendre le flot populaire et arriver jusqu'aux Tuileries. Bientôt après arriva M. Jérôme David, qui traversa les salons en souriant, avec le calme et la désinvolture des jours de gala. Mais sa présence seule suffisait à indiquer la gravité de la situation.

On commença à se demander si quelqu'un avait pensé à tenir une voiture à la disposition de l'Impératrice. Naturellement, tout le monde y avait pensé, mais personne n'avait réalisé la pensée; car chacun s'était dit le sacramentel : « Cela ne me regarde pas. » Maintenant, il était trop tard et il fallait, comme toujours, laisser à la Providence le soin de protéger et de sauver l'Impératrice.

Les dernières minutes me rappellent de vifs souvenirs. Il arriva un groupe attardé de serviteurs de l'empire. Enfin, M. Piétri, aussi calme et aussi réservé que d'habitude, qui salua profondément Sa Majesté, — lui dit à peine quelques mots à voix basse et s'éclipsa sur-le-champ.

L'Impératrice fit aussitôt appeler le général Mellinet, qui commandait les troupes chargées de la défense des Tuileries.

— Général, pouvez-vous défendre le château sans faire usage des armes ?

— Madame, je ne crois pas.

— Dès lors, dit l'Impératrice, tout est fini. Il ne faut pas ajouter à nos désastres l'horreur de la guerre civile.

Et elle donna rapidement ses derniers ordres. Le vieux général traversa presque en courant les salons pour aller rejoindre ses soldats, non cependant sans s'arrêter brusquement de temps en temps pour baiser galamment la main à quelque belle dame de sa connaissance.

L'Impératrice alla serrer la main sans mot dire aux personnes qui n'avaient pas encore reçu son adieu. Puis, se tournant vers les dames, elle leur dit :

— Ne restez plus ici : le temps presse.

Ce fut le signal des larmes. Les dames se pressaient autour d'elle et couvraient ses mains de baisers.

— Mais partez, partez donc, je vous en supplie, répétait l'Impératrice, qui contenait avec peine son émotion.

Elle parvint à se dégager doucement de ces étreintes affectueuses, et s'étant reculée jusqu'au fond du salon, toute pâle et frémissante, elle nous fit son plus grand salut, celui des grandes circonstances, et disparut dans ses appartements intimes, accompagnée du prince de Metternich, du chevalier Nigra et de Mme Lebreton.

—

Je m'étais enfoncé dans l'embrasure d'une croisée pour cacher mon émotion, lorsqu'un curieux spectacle se présenta à mon attention.

J'avais sous les yeux le jardin des Tuileries. Des fantassins, l'arme au pied, étaient rangés devant la façade du palais. Le jardin était morne et désert. Néanmoins, dans le lointain, des ombres se détachaient de temps en temps des troncs d'arbre pour se dissimuler de nouveau. C'étaient les envahisseurs qui s'approchaient discrètement. La vue des troupes leur inspirait une médiocre confiance. Ils s'enhardirent peu à peu. Les ombres éparses devinrent une fourmilière, la fourmilière se changea en un océan de têtes, noir, bruyant et compact. Une clameur confuse, dominée quelquefois par le chant de la *Marseillaise*, s'élevait de cette masse sombre qui s'accumulait lentement contre l'enceinte extérieur du jardin réservé.

Je me demandais comment il aurait été possible de détourner ou d'endiguer cet océan immense qui avait franchi ses barrières, lorsque M. de Cossé-Brissac, chambellan de l'Impératrice, rentra dans le salon de service et nous dit à haute voix : « Sa Majesté vous remercie et vous invite à vous retirer. » Il y eut un moment d'indécision. Les officiers de service s'approchèrent de M. de Cossé-Brissac : « Notre devoir est de rester ici tant que l'Impératrice y sera. Nous donnez-vous l'assurance que notre présence n'a plus d'objet? »

— Messieurs, répondit-il, vous avez congé de Sa Majesté, et je puis vous dire que tout va pour le mieux.

Les mains se serrèrent en silence; on se souhaita le revoir en des temps meilleurs, et on quitta des lieux où il n'y avait plus rien à faire.

—

Arrivé sous le passage du pavillon de l'Horloge, j'ai voulu savoir ce que ferait la foule qui ébranlait la grille qui ferme l'accès du jardin, et je me suis arrêté près de la grande porte des Tuileries qui regarde l'Arc-de-Triomphe de l'Étoile.

La foule ne se décidait pas à franchir le dernier obstacle. Elle apercevait trop distinctement les allées et les venues du général Mellinet, qui disposait ses soldats avec un soin extrême. Tout à coup, deux « voyoux, » arborant en guise de drapeaux parlementaires, deux malpropres mouchoirs blancs et suivis d'un monsieur en paletot, les deux mains dans ses poches, débouchent dans l'allée du milieu et viennent droit au général.

— « Tiens, tiens, que fait donc là cet escogriffe ? » C'est ainsi qu'à mes côtés M. de Laferrière qui, en qualité de surintendant des théâtres impériaux, connaissait les siens, saluait l'apparition du monsieur, qui n'était autre que Victorien Sardou. Le général s'aboucha avec les parlementaires, puis alla haranguer le peuple. On sait le reste. Il fut bien entendu que l'Impératrice n'était plus aux Tuileries et le peuple s'engagea à être « gentil. »

Une minute après, nous quittions les Tuileries par le guichet de l'Echelle. Au moment où le concierge nous ouvrait la porte, nous vîmes défiler devant nous une épaisse et bruyante colonne de citoyens ayant à sa tête un bourgeois barbu, mal coiffé d'un képi de garde national, portant un fusil sur l'épaule d'une façon peu martiale et emboîtant le pas d'une manière fort gauche. C'était, paraît-il, M. Jules Favre allant faire sacrer à l'Hôtel-de-Ville le gouvernement de la défense nationale.

A ce moment je tirai ma montre : il était trois heures moins cinq minutes.

———

J'appris que l'Impératrice, après nous avoir quittés, s'était tranquillement revêtue d'habits de deuil. Mme Lebreton l'aidait dans ses préparatifs de départ. La Souveraine n'avait voulu appeler aucun de ses officiers au danger de l'accompagner, et elle s'était confiée à MM. de Metternich et Nigra, que leur caractère diplomatique mettaient à l'abri des insultes.

Avant de quitter sa demeure, l'Impératrice alla jeter un dernier regard sur les portraits de l'Empereur et du Prince Impérial; puis elle s'agenouilla dans son oratoire, fit, au pied de l'autel, une courte prière, et se dirigea sans aucun trouble ni précipitation vers la galerie du bord de l'eau. Les portes qui mettent en communication les Tuileries et le Louvre étaient fermées. Il fallut quelque temps pour trouver les clefs. Le passage fut enfin libre et l'Impératrice et son petit cortége arrivèrent sans encombre sur la place Saint-Germain-l'Auxerrois, par l'un des deux escaliers de la colonnade du Louvre.

M. de Metternich alla à la recherche de deux fiacres. M. Nigra était resté avec Sa Majesté et Mme Lebreton. Ses vêtements de veuve ne déguisaient pas assez bien l'Impératrice pour qu'un gamin ne put la reconnaître et crier à tue-tête :

— Voilà l'Impératrice!

La place était couverte d'une partie des envahisseurs du Corps législatif, qui se rendaient à l'Hôtel-de-Ville, après avoir traversé les Tuileries et le Louvre. Le diplomate italien ne perdit pas sa présence d'esprit en une situation aussi critique. Il envoya une vigoureuse taloche au jeune indiscret : il le prit ensuite par l'oreille en ayant soin d'appuyer fortement, afin de ne laisser au petit bonhomme que la faculté de se débattre et de se plaindre :

— Ah! polisson, disait de son côté l'impitoyable chevalier, tu cries : « Vive la Prusse! » Je t'apprendrai à être meilleur patriote!

Et il l'entraînait, sans désemparer, du côté opposé à l'endroit où se trouvait la voiture dans laquelle l'Impératrice venait de prendre place avec Mme Lebreton. M. Nigra ne lâcha l'enfant et ne cessa ses imprécations que lorsque le cocher eût enlevé ses chevaux. L'Italien avait si bien ménagé son jeu que M. de Metternich et lui étaient déjà loin lorsque les spectateurs se rendirent compte de ce qu'ils venaient de voir.

Sedan — Typographie de L. FAVRE